MA DÉMISSION

ou

HISTOIRE D'UN FAUX

AVEC

DOCUMENTS OFFICIELS COMPLETS

PAR

Prosper DUPUY

Instituteur.

PRIX : 60 centimes

TOULOUSE

LIBRAIRIE FRANÇOIS GIMET

66, rue des Balances, 66.

MA DÉMISSION

OU

HISTOIRE D'UN FAUX

AVEC

DOCUMENTS OFFICIELS COMPLETS

PAR

Prosper DUPUY

Instituteur.

PRIX : 60 CENTIMES

TOULOUSE

LIBRAIRIE FRANÇOIS GIMET

66, rue des Balances, 66.

A MM. les Instituteurs du Gers

MES CHERS COLLÈGUES,

Je vous dédie cet opuscule, que la plupart d'entre vous ont déjà rencontré dans les colonnes de l'*Appel au peuple*. Sans étude et sans art, il a pour lui l'éloquence des faits. Il offre aussi l'attrait d'une question de famille.

Je ne l'ai pas écrit sans penser à vous. Une situation anormale pèse sur l'instituteur, contre laquelle j'ai tenu à protester. De cette situation, non moins que d'un fait particulier, est née la pensée de donner ma démission et d'en publier les circonstances.

Puissent, vos chefs, devenus plus circonspects, en devenir aussi plus équitables! Je reste, quant à moi — d'esprit et de cœur — votre confrère toujours.

Prosper **DUPUY**.

AVANT-PROPOS

J'ai été compris dans le mouvement d'instituteurs qui eut lieu au mois de septembre 1878. Le même jour, d'un coup de plume, M. Monod, préfet du Gers, changea quatre-vingt-dix d'entre nous, rien que dans un intérêt scolaire. Pour qu'on n'en pût douter, il fit accompagner la longue liste des déplacements d'une « *circulaire-écriture,* » dans laquelle il est démontré que rien ne tient plus au cœur de notre préfet que le progrès des études dans les écoles primaires. Tenez la chose pour certaine : foi de Monod !

Une communication officielle, qui plus tard devait paraître indiscrète, me fit connaître le motivé de mon changement. Vous verrez que la politique, ainsi l'entend M. Monod, n'y est pour rien. Le motivé s'énonce en ces termes : « *Ne fait pas la classe avec assez de zèle, mauvaise méthode, résultats peu satisfaisants.* »

Or, M. l'inspecteur d'académie, spécialement consulté par moi sur les divers bruits qui annonçaient comme prochain mon changement, venait de rendre hommage à la bonne tenue de mon école dans une lettre officielle du 8 août 1878.

Il m'était donc permis de constater que M. Boyer, inspecteur primaire de Condom, m'avait infligé pendant les vacances, — de lui-même ou sur commande, je ne le sais, — m'avait infligé une note de classe qui ne repose sur aucune visite préalable de ma classe. Remarquez bien ce point : M. l'inspecteur primaire, qui n'a jamais visité mon école de Caupenne d'une façon sérieuse, n'y a pas mis le pied depuis le 8 août 1878, ni aux environs du mois d'août.

M. Boyer avait commis *un faux !*

*
* *

Je n'eus rien de plus pressé, on le devine, que de réclamer, non contre mon changement qui appartient de plein droit au préfet, mais contre la fausse note qui servait à le couvrir. Mes protestations m'ont engagé dans une longue correspondance avec mes chefs : elle a duré trois mois.

A diverses reprises, la note a été dénoncée à M. l'inspecteur d'académie comme « *improvisée, fausse, ridicule ;* » M. l'inspecteur d'académie a cru devoir garder sur ce point un parfait silence. Semblable réclamation a été directement adressée à M. le préfet par lettre recommandée, au moins quatre fois ; M. le préfet, non sans avoir pris un habile détour, a refusé lui aussi de s'expliquer. Oui, c'est dans le silence que M. Monod s'était promis d'étouffer la faible voix d'un instituteur rural qui en appelait à sa justice. Il n'a pas même daigné s'apercevoir que mes protestations, s'inscrivant *en faux* contre la note, mettaient en cause par cela même l'honorabilité de l'inspection académique : M. le préfet a gardé le silence.

* *

Quand j'ai eu la douleur de découvrir en celui qui devait être mon juge toutes les apparences d'un chef de coterie, alors seulement j'ai quitté l'enseignement primaire.

En d'autres temps, l'immense distance qui sépare le simple instituteur du ministre de l'instruction publique ne m'eût pas découragé. La pensée d'en appeler à la justice du grand-maître pouvait du moins se présenter à l'esprit. Mais aujourd'hui qui serait assez naïf, disons mieux, assez niais, pour tenter un semblable recours ? La politique, tantôt brutale, tantôt hypocrite, a tout envahi. Elle prime le droit ; et M. de Marcère n'est pas un plus plat valet de Gambetta que M. Bardoux. En portant ma cause au tribunal de l'opinion publique, j'use à regret d'un moyen suprême devenu nécessaire.

* *

Je me propose de raconter les divers incidents qui ont préparé et rendu nécessaire ma démission. La tâche me sera facile, n'ayant qu'à placer sous les yeux du lecteur les lettres mêmes que MM. les inspecteurs et préfet ont *toutes* écrites ou reçues. Tout y sera simplement et clairement exposé selon l'ordre chronologique. Dates, noms propres, faits précis, pièces complètes, rien n'y manquera. Ce sera comme le procès-verbal d'une enquête dont le contrôle de chaque pièce reste à la portée de tous.

Outre le charlatanisme républicain dans la question des écoles, j'ai pour entreprendre ce travail une raison de confraternité. La situation qui m'a été faite n'a rien d'exceptionnel, comme on pourrait être tenté de le croire. Le cas de beaucoup de mes confrères est très-semblable au mien. Entre eux et moi il y a une seule différence, c'est que j'ai eu la bonne fortune de prendre mon homme sur le fait. Je crois opportun de ne pas le lâcher.

Mes confrères ne liront pas sans intérêt cet épisode récent de notre commune histoire.

P. D.

10 janvier 1879.

CHAPITRE PREMIER

Mon changement et la fausse note.

———

I

Lettre d'avant-garde à M. l'inspecteur d'académie.

C'était le 6 août 1878. Il n'était bruit dans l'arrondissement de Condom et dans tout le département du Gers que de changements prochains d'instituteurs. Celui de Caupenne, en particulier, figurait, au su de tous, sur la liste de proscription. Son poste même était promis, depuis plusieurs mois, à l'instituteur qui l'occupe effectivement aujourd'hui.

Dans quelques jours aussi, MM. les inspecteurs primaires des cinq arrondissements allaient tenir leur réunion annuelle pour arrêter définitivement, sous l'œil du préfet, l'immense projet de mutations. De leur côté, les comités cantonaux républicains faisaient le recensement de toutes les rancunes et préparaient leur appoint notable d'influence.

Avant donc que la marée montante de tous les bas-fonds démagogiques eût envahi le bureau de l'académie, en passant par la préfecture, la pensée me vint de consulter M. l'inspecteur et, s'il était possible, de prendre acte par lui de l'état de mon dossier. La précaution ne sera pas inutile.

A Monsieur l'Inspecteur d'académie, Auch.

Caupenne, le 6 août 1878.

Monsieur l'Inspecteur,

La rumeur publique, à tort ou à raison, annonce de nombreux changements d'instituteurs pour la fin de l'année scolaire. J'entends même désigner autour de moi le futur titulaire de Caupenne.

Quoi qu'il en soit, je n'ai pas de requête à présenter à l'administration sur ce qui regarde mon maintien ou mon déplacement. De ma vie je n'ai sollicité aucun poste ; et j'en ai occupé de très-modestes sans demander à en sortir. C'est une sorte de parti-pris pour moi, monsieur l'Inspecteur, de m'abandonner à l'équité de mes chefs et de leur épargner l'injure de chercher auprès d'eux un autre appui que mes états de service et l'accomplissement de mon devoir.

Mais un *confrère*, — qui aspire (je ne sais trop pourquoi) à me remplacer, — aurait dit pour mieux réussir que je dois le poste de Caupenne à quelque patronage politique. Sur ce seul point je demande la permission, monsieur l'Inspecteur, de protester auprès de vous. En deux mots, voici le fait :

En 1873, ayant déjà 13 ans de service, je demandai un congé. Ma santé avait besoin de repos et, pour tout dire, je voulais compléter à loisir quelques études particulières. Deux ans après, je reprenais les modestes fonctions d'instituteur primaire, après avoir obtenu, devant la Faculté de Toulouse, les deux diplômes de bachelier ès-lettres et de bachelier ès-sciences. L'inspecteur d'académie d'alors, M. Frémy, se déclara très-satisfait de son instituteur bachelier. Il me reçut avec bienveillance et me donna à choisir sur une liste de quatre-vingts postes, se réservant de m'en offrir un lui-même plus tard. Je choisis Caupenne, qui était vacant par décès.

Ce n'est pas la première fois, monsieur l'Inspecteur, que je rencontre sur mon chemin la détestable *politique*, ennemie de l'école et des bonnes études. J'ai passé jadis pour bonapartiste peu fervent ; je n'aspire pas à être trouvé bon républicain. Mon ambition et mes soins seront toujours de rester bon instituteur.

Du fond de ma solitude, j'appelle de tous mes vœux le jour où l'instituteur, — ne relevant plus que de ses chefs académiques, et tout entier à son devoir professionnel, — aura retrouvé sa dignité avec son indépendance.

Veuillez excuser la liberté de mon langage. Cette franchise n'enlève rien au profond respect avec lequel j'ai l'honneur d'être, monsieur l'Inspecteur, votre très-humble et très-obéissant serviteur.

L'instituteur de Caupenne,

P. DUPUY.

II

Remarquable réponse de l'inspecteur d'académie (Sarrat).

M. l'inspecteur d'académie comprit qu'il était officiellement interrogé. Il se prit de toute la dignité de sa charge ; et, sans hésitation comme sans phrases, il s'empressa de rassurer son subordonné. Voici sa lettre courte et magistrale :

UNIVERSITÉ DE FRANCE.

Inspection académique
du Gers

Académie
de Toulouse

Auch, le 8 août 1878.

Monsieur l'Instituteur,

En réponse à votre lettre du 6 de ce mois, j'ai l'honneur de vous informer que personne jusqu'ici n'a demandé votre changement. Vous vous plaisez à Caupenne où vous faites le bien, et l'administration académique a à cœur de vous y maintenir. Soyez donc sans inquiétude.

Je vous serre affectueusement la main. Bien à vous.

Pour l'inspecteur d'académie,

L'inspecteur primaire délégué,

S. SARRAT.

En examinant de près la lettre laconique mais complète de M. l'inspecteur d'académie, ne vous semble-t-il pas entendre un léger accent d'indignation contenue ? — *Jusqu'ici personne*, il est vrai, *n'a demandé votre changement.* Cependant nous ne saurions être surpris de voir arriver pareille demande. Trop souvent, hélas ! l'administration académique a subi l'humiliation des ingérences du dehors ; trop souvent elle a dû présenter d'office des mutations, disgrâces ou avancements, que contredisaient affreusement les dossiers. Mais cette fois, forte du *« bien que vous faites à Caupenne, »* elle résistera énergiquement. Elle *« a à cœur de vous y maintenir. »* C'est moins pour vous une question de justice que pour elle une question de dignité. Sur ma parole, *« soyez donc sans inquiétude, »* monsieur l'instituteur.

J'aurais cru manquer à mon devoir si je n'avais pas remercié M. l'inspecteur par un accusé de réception.

A Monsieur l'Inspecteur d'académie, à Auch.

Caupenne, le 9 août 1878.

Monsieur l'Inspecteur,

Permettez-moi de vous témoigner toute ma gratitude pour la bienveillance avec laquelle vous avez voulu me rassurer sur ma position.

Daignez agréer, etc.

L'instituteur,
P. DUPUY.

Peu de temps après, le 25 août, l'Exposition universelle de Paris, que d'autres maudissent et que je dois ici bénir, valait aux instituteurs du Gers l'insigne faveur d'entrer en vacances par une anticipation de huit jours. Je ne tardai pas à prendre la route des Pyrénées. Au pied de ces belles montagnes, Dieu me réserve la douce joie de revoir, chaque mois de septembre, mon pays natal, ma famille et mes amis.

III

Deuxième lettre de l'inspecteur d'académie (Sarrat).

Au retour des vacances, quelle ne fut pas ma surprise de trouver à Caupenne la lettre suivante :

UNIVERSITÉ DE FRANCE

Inspection académique
du Gers.

Académie
de Toulouse.

Auch, le 27 septembre 1878.

Cher Monsieur Dupuy,

Lorsque vous avez écrit à *l'inspection académique* pour exprimer des craintes au sujet d'un changement de poste, dont vous auriez pu être l'objet, il n'y avait encore aucune plainte contre vous, et je me suis empressé, comme *inspecteur d'académie intérimaire*, de vous rassurer. Mais il nous est venu depuis une proposition de changement avec cette note : *Ne fait pas la classe avec assez de zèle, mauvaise méthode, résultats peu satisfaisants.*

Votre changement est donc résolu, et je ne puis rien pour vous faire maintenir à Caupenne. Il faut par votre travail et par votre zèle tâcher, dans votre nouveau poste, d'effacer cette fâcheuse note.

Veuillez agréer, etc.

Pour l'inspecteur d'académie,
S. SARRAT.

Je relus cette lettre avec attention. Je la relus encore. « *Cher monsieur* » *Dupuy!... cher!* » Je sentais déjà les lèvres humides et froides du traître effleurer mes joues.

« *Il nous est venu depuis!...* » Une note venue depuis le 8 août! Mais M. l'inspecteur primaire n'a point visité mon école depuis le 8 août, ni même aux environs du mois d'août! Quant aux inspections d'autrefois, M. l'inspecteur d'académie en avait nécessairement le rapport sous les yeux, — ainsi le veut la loi, — lorsqu'il m'écrivait à la date du 8 août : « Vous faites le bien » à Caupenne, et l'administration académique a à cœur de vous y maintenir. » Soyez donc sans inquiétude. »

Voyez comme la note est explicite! Elle s'énonce en trois points : *ne fait pas la classe avec assez de zèle, mauvaise méthode, — résultats peu satisfaisants.* Remarquez bien que la note ne relève pas à ma charge une faute accidentelle et passagère; mais plutôt des habitudes défectueuses qui ont dû être traînées pendant longtemps, au grand scandale de la commune de Caupenne. Et pourtant, ô mystère! ces habitudes coupables, M. l'inspecteur primaire a eu le soin de les tenir secrètes, si secrètes qu'à la date du 8 août, M. l'inspecteur d'académie me croyait encore un instituteur parfait, méritant toute son estime.

Une chose m'étonne ici profondément. M. l'inspecteur d'académie, à la lecture de cette note incompréhensible, — dont il va assumer toute la responsabilité, puisqu'elle porte exclusivement sur les matières de classe, — M. l'inspecteur d'académie, qui a écrit la lettre du 8 août, n'éprouve, lui, aucun étonnement. Il ne prend pas la peine, il ne sent pas le besoin de s'informer ; il capitule sans la moindre résistance. — « Votre changement est » résolu, et je ne puis rien... » Il écrivait fièrement naguère : « *L'admi-* » *nistration académique a à cœur de vous y maintenir.* » Et déjà le « cœur » manque à l'administration académique.

Mais la dernière phrase est écœurante. — « *Il faut par votre travail et* » *par votre zèle tâcher, dans votre nouveau poste, d'effacer cette fâcheuse* » *note.* »

Ainsi, d'un ton plein de compassion, M. l'inspecteur d'académie déplore la mauvaise note, qui lui paraît d'autant plus fâcheuse qu'il la croit plus fondée. Néanmoins, il ne veut pas désespérer de moi. Il m'exhorte paternellement à me corriger.

L'inspecteur d'académie qui tient ce langage n'est autre que M. Sarrat qui, jadis inspecteur de Mirande, a eu sous les yeux mes notes de dix années, notes dont il m'a plusieurs fois félicité ; — M. Sarrat qui, dans une réunion cantonale d'instituteurs à Plaisance, disait le 17 août 1872 (parlant de feu M. Barrère, instituteur de Tasque, et de moi) : « Voilà deux instituteurs » modèles. Je voudrais que tous ceux de mon arrondissement leur ressemblassent ; » M. Sarrat qui, le mois d'août dernier, demandait à un instituteur du canton de Nogaro : « Qui allez-vous déléguer à l'Exposition ? » et sans attendre la réponse ajoutait : « Vous ne pouvez envoyer que Dupuy. Envoyez Dupuy! » Oui, c'est M. Sarrat qui, plus qu'aucun autre membre de l'administration académique, connaissait mes notes de classe, mes quinze ans et plus d'un service (je le dis sans orgueil) irréprochable et dévoué.

Et voilà que M. l'inspecteur d'académie intérimaire lâche son vieil instituteur dont il a maintes fois reconnu et proclamé le mérite ; il le lâche hypocritement, sans examen et sans scrupule, comme on lâcherait un drôle ; il le lâche, craignant de se compromettre lui-même en se heurtant à un « changement déjà résolu » sans lui et contre lui, — changement que sa conscience réprouve et dont il accepte la première part de responsabilité ; car la note qui le motive, répétons-le, est une note de classe.

IV

Première protestation contre la note.

Après avoir refoulé l'indignation et le mépris qui, malgré moi, avaient envahi mon âme, je m'empressai d'adresser à M. l'inspecteur d'académie la lettre suivante :

A Monsieur l'Inspecteur d'académie, à Auch.

Caupenne, le 29 septembre 1878.

Monsieur l'Inspecteur,

Vous voulez bien m'annoncer que mon changement est résolu. Je ne puis que vous remercier de cet avertissement charitable.

Que l'administration me déplace à son gré, il n'est jamais entré dans mon esprit de lui en contester le droit. Mais si elle motive mon changement par cette note : *Ne fait pas la classe avec assez de zèle, mauvaise méthode, résultats peu satisfaisants ;* — je proteste énergiquement, monsieur l'Inspecteur. Et si dans votre équité vous daignez prendre d'autres informations, vous verrez combien cette note est le contraire de la vérité.

Daignez agréer, etc.

L'instituteur de Caupenne,
P. DUPUY.

V

*Troisième lettre de l'inspecteur d'académie (Sarrat), m'offrant le
poste de Trie (Hautes-Pyrénées).*

M. l'inspecteur d'académie fit la sourde oreille à ma protestation. C'était prévu. Mais ce que je ne pouvais prévoir et qui surprendra beaucoup le lecteur, le voici :

RÉPUBLIQUE FRANÇAISE

Préfecture
du Gers

Cabinet
du préfet.

Auch, le 1ᵉʳ octobre 1878.

Monsieur Dupuy,

Accepteriez-vous le poste d'instituteur public à Trie (Hautes-Pyrénées) ?

C'est un chef-lieu de canton assez important, que vous devez connaître. Répondez immédiatement, par dépêche télégraphique, si c'est possible. »

Pour l'inspecteur d'académie,

S. SARRAT.

Qui s'y serait attendu ? Au pauvre instituteur rural, dont toute la valeur se résume dans la mauvaise note citée plus haut, on s'empresse d'offrir... *un chef-lieu de canton... assez important... qu'il doit connaître...* et dont il connaît, en effet, toute l'importance. Cette proposition, qui est évidemment une gracieuseté, a un caractère officiel : elle émane du cabinet du préfet.

Ici nous pouvons entrevoir ce que M. le préfet et M. l'inspecteur d'académie pensent de la note. Au fond ils la tiennent pour fausse ; mais il entre dans leur dessein de ne pas la retirer. Le léger embarras qu'ils éprouvent pour déterminer ma nouvelle destination n'empêche pas que mon changement ne soit résolu, irrévocablement résolu.

Dans leur esprit, le poste de Trie devait opérer une habile diversion.

VI

Deuxième protestation contre la note.

A Monsieur l'Inspecteur d'académie, à Auch.

3 octobre 1878.

Monsieur l'Inspecteur,

Je proteste pour la seconde fois contre la note étrange qui accompagne la proposition de mon changement. Je ne sais encore d'où elle émane. Mais j'ose espérer que l'administration, avant de la faire sienne, voudra prendre d'autres informations. J'en appelle sans crainte aux pères de famille dont les enfants fréquentent mon école. Ils seront tous très-surpris d'apprendre, par exemple, que je ne fais pas la classe avec assez de zèle.

En présence d'une accusation qui est pour moi très-grave, vous trouverez naturel que je n'accepte pas le poste de Trie.

Daignez agréer, etc.

L'instituteur,

P. DUPUY.

VII

Protestation de la commune de Caupenne.

Le changement de l'instituteur, quoique vaguement pressenti, avait excité quelque surprise dans la commune de Caupenne. Mais dès que le motivé, qui servait à le couvrir, fut connu, la surprise devint de l'indignation et l'indignation dicta la protestation suivante adressée au préfet :

Monsieur le Préfet,

Nous apprenons que M. Dupuy n'est plus instituteur de Caupenne et que son changement aurait été résolu à raison de *manque de zèle, de résultats de classe peu satisfaisants*, etc.

Le motivé de cette mesure excite parmi nous un profond étonnement; et nous avons hâte, monsieur le Préfet, de vous informer que votre bonne foi a été indignement surprise. Les renseignements qui vous ont été fournis, d'où qu'ils viennent, sont pour nous tous d'une *fausseté manifeste*.

Nous protestons formellement auprès de vous, monsieur le Préfet. Nous espérons que, mieux informée, votre sollicitude pour l'instruction populaire tiendra à justice de maintenir au poste de Caupenne un instituteur intelligent et dévoué qui a *l'entière confiance des familles*. Son départ porterait une grave atteinte *aux intérêts de notre école*.

Veuillez agréer, etc.

Suivent les signatures *légalisées* :

1° Des membres du conseil municipal : Englezio, maire; Clarac, adjoint; Bernadie; Cantau; Courros; Davan; Dumoulié; Dutur; Dubosc; Trinqualie; Touton;

2° De tous les pères de famille ayant des enfants à l'école, etc., etc.

VIII

Ma nomination à Réans.

Mon refus du poste de Trie ne devait pas trouver à court M. l'inspecteur d'académie intérimaire. Toujours de concert avec M. Monod, il reconnaît cependant qu'il devient inopportun de parlementer davantage. Sans tambour ni trompette cette fois, je reçois ma nomination au poste de Réans. Réans est une petite commune du Bas-Armagnac, à plus de 30 kilomètres de tout chemin de fer.

M. Sarrat, qui est habile, n'agissait pas sans but. Voici quelle était sa situation et quel était aussi son plan. Mon changement étant résolu, il comprenait mieux que personne combien il lui importait de servir avant tout la volonté souveraine du préfet, son maître. D'un autre côté, le souvenir d'une vieille mésaventure de son inspection de Mirande lui faisait pressentir que l'instituteur ne se laisserait pas immoler sans mot dire : « Mauvais caractère ! » disait-il un jour, parlant de cet instituteur. Il ne sait pas plier : c'est » dommage ! »

M. Sarrat était donc dans une impasse. Pour s'en tirer, il raisonne ainsi : « Le poste de Trie (Hautes-Pyrénées), par une heureuse coïncidence, est à » notre disposition. Trie, jolie petite ville au centre d'une vallée riche et » populeuse, — *chef-lieu de canton assez important*, qui le rapproche de » son pays natal, — donnera dans l'œil à l'instituteur de Caupenne. En- » voyons-le à Trie; et le voilà hors du département du Gers. Nous serons » débarrassés. »

Trie refusé, il essaye de Réans. — « Notre bachelier, se dit-il, ne » pourra s'accommoder de ce poste de débutant, enfoncé dans les terres et » loin de toute voie ferrée. Il donnera sa démission et s'en ira de lui-même » sans esclandre. Pour sûr, nous serons délivrés. »

M. Sarrat s'était dit tout cela. Mais le vieil instituteur flaira le piége. Il accepta le poste de Réans, se fit installer au jour marqué, se casa comme il put, fit la classe de son mieux et attendit.

La pensée qui dicta ma nomination à Réans, si elle ne m'était pas connue par ailleurs, resterait encore pour moi évidente. Il suffit de considérer que l'administration me replaçait en plein arrondissement de Condom, d'où elle avait résolu de m'éloigner.

<h2 style="text-align:center">IX</h2>

Silence des inspecteurs et du préfet sur la fausse note.

Revenons à la note du changement et aux trois protestations qui ont été dirigées contre elle. M. l'inspecteur d'académie a gardé le silence, et nous avons vu qu'il avait, en effet, des raisons pour ne rien dire.

Le silence de M. le préfet est plus difficile à expliquer. Ma seconde protestation, sinon la première, a dû nécessairement passer sous ses yeux ; car elle était la réponse à la proposition du poste de Trie, proposition émanée du cabinet même du préfet. Une protestation qui osait taxer « d'étrange, » c'est-à-dire de ridicule, une note officielle de M. l'inspecteur primaire, ne pouvait être passée sous silence. Fondée, elle était encore un peu hardie ; non fondée, c'était une insolence qu'il fallait sévèrement punir. M. le préfet aima mieux se taire.

Il ne répondit pas davantage à la vigoureuse protestation de la commune de Caupenne qui lui fut adressée directement et qui accusait la note de M. l'inspecteur primaire de « *fausseté manifeste.* » Cette protestation méritait cependant d'attirer l'attention du préfet ; car M. le maire de Caupenne refusa, *quatre jours durant*, d'installer le nouveau titulaire. Il ne céda enfin que sous le poids de menaces indignes, dont la source semi-officielle est bien connue. M. le préfet n'ignorait peut-être pas ces diverses circonstances ; mais il ne crut pas utile de parler. Il jugea d'ailleurs, avec beaucoup de raison, que la R. F. ne l'avait précisément pas délégué à la préfecture du Gers pour écouter les doléances d'un pauvre instituteur soupçonné de bonapartisme, ni les plaintes de quelques familles qu'il savait n'être pas républicaines.

Mais que faut-il penser de l'inspecteur primaire, l'auteur coupable de la note ? M. Boyer, se rendant justice à lui-même, n'a garde de réclamer contre des protestations qui le visent personnellement. Il se tait lui aussi, déplorant l'indiscrétion qui a communiqué la note à l'intéressé. En donnant cette note, il n'avait jamais rêvé qu'une gloire, celle d'en rester le *père inconnu.*

Gardez-vous cependant de supposer que M. Boyer ait pris le parti d'en demeurer là. Non. Blotti dans son bureau de Condom, il rumine un projet de vengeance. Nous le verrons arriver bientôt par un chemin détourné. Il cherchera dans un *congé d'un jour*, dont nous avons à parler, un grief d'après-coup ; mais lorsqu'il croira prendre... il sera pris !

CHAPITRE II

Un incident.

I

Congé d'un jour. — Lettre d'avis à M. l'inspecteur primaire.

Tout chemin mène à Rome. Les deux lettres de M. Boyer, inspecteur primaire, qui feront l'objet principal de ce chapitre, ne soufflent pas mot, il est vrai, de la fausse note. Mais elles ne nous conduisent pas moins à la fausse note ; et le détour ne sera pas trouvé long.

La clarté du récit nous demande de placer ici quelques explications préliminaires :

1° L'article 19 du réglement relatif aux demandes de congé est ainsi conçu : « L'instituteur ne peut pas transporter au jeudi les classes d'un » autre jour ouvrable, ni s'absenter sans l'autorisation de l'inspecteur de » l'arrondissement qui prend l'avis du délégué et des autorités locales.

» Dans les circonstances graves et imprévues, il suffit à l'instituteur d'ob-» tenir l'autorisation du délégué, si ce dernier est sur les lieux, ou, en son » absence, *celle du maire et du curé.* »

2° Une affaire urgente réclamait ma présence à plus de 100 kilomètres de mon poste, à Antist (Hautes-Pyrénées). La moitié du trajet ne pouvant se faire qu'en voiture ou à pied, ce voyage exige au moins trois jours.

Nous étions au mardi 29 octobre. Je voyais devant moi deux jours de congé réglementaire : le jeudi 31 octobre et le vendredi 1er novembre, fête de la Toussaint. Pour avoir les trois jours qui m'étaient nécessaires, je me décidai à demander dispense de classe pour le samedi suivant.

Mais déjà le temps était trop court pour m'adresser à M. l'inspecteur : nous étions au mardi. Sa réponse n'aurait pu m'arriver au plus tôt que le jeudi vers neuf heures, c'est-à-dire après le passage du courrier de Condom à Riscle, seule voie de transport qui fût à ma disposition. Par surcroît, avant de me mettre en route, j'avais à reconduire chez leurs parents, à 20 kilomètres, deux jeunes élèves qui seraient restés sans surveillance pendant trois jours.

Le cas fut exposé aux autorités locales qui, vu la nécessité, s'empressèrent d'accorder la permission. Les deux enfants étaient reconduits, dès le mercredi soir, dans leur famille. Le jeudi matin, je m'embarquais sur la carriole de Condom pour aller rejoindre à Riscle le chemin de fer de Tarbes.

La permission des autorités locales, en rigueur de loi, me suffisait.

Néanmoins, par déférence et, je dois le dire, sur le bon conseil de M. le maire de Réans, j'avais avisé l'inspecteur primaire de mon absence et de la permission obtenue. Voici la lettre :

A Monsieur l'Inspecteur primaire.

Réans, 29 octobre 1878.

Monsieur l'Inspecteur,

Obligé de m'absenter demain soir, pour affaires graves et imprévues, il m'est impossible, vu la longueur du voyage, de me promettre d'être rentré samedi pour ouvrir mon école.

Le temps ne me permet pas d'attendre de votre obligeance, Monsieur l'Inspecteur, le congé de samedi; force m'est de partir avec la permission des autorités locales et de vous aviser seulement de mon absence éventuelle ce jour-là.

Ma lettre portait trois mots soulignés : samedi, samedi, ce jour-là.

II

Réponse irritée de l'inspecteur primaire.

A mon retour du congé, je trouvais, qui m'attendait à Réans, une lettre irritée de M. l'inspecteur primaire :

Condom, 30 octobre.

Monsieur l'Instituteur,

Afin qu'elle puisse accorder dans de bonnes conditions à un instituteur l'autorisation de s'absenter, l'administration doit être bien fixée sur la demande qui lui est adressée à ce sujet.

J'ignore si l'affaire pour laquelle vous vous êtes absenté avec l'autorisation de M. le maire est assez grave et assez urgente pour cela.

Veuillez, en conséquence, me faire connaître l'affaire dont il s'agit.

BOYER.

P. S. — Votre lettre étant datée du mardi 29 octobre, vous prendrez, je le vois, deux jours au lieu d'un, que vous devrez remplacer par les jeudis 7 et 14 novembre prochain.

La lettre de M. l'inspecteur donne lieu à plusieurs observations. Procédons avec méthode :

1° Afin que l'administration puisse accorder dans de bonnes conditions à un instituteur l'autorisation de s'absenter, — il faut, n'en déplaise à M. Boyer, que l'instituteur soit obligé de la demander. Or, dans le cas de circonstances graves et imprévues qui est le mien, ce n'est pas à l'administration à laquelle il n'a pas le temps de recourir, mais aux autorités locales, que l'instituteur adresse sa demande. L'article 19 du réglement a prévu et réglé ainsi ce cas exceptionnel.

Pourquoi M. Boyer n'a-t-il pas remarqué que ma lettre ne lui demande aucune permission ? Elle le prévient, pure politesse, d'une permission déjà obtenue et régulièrement obtenue. Si j'avais eu le temps de recevoir, avant mon départ, la réponse de M. l'inspecteur, c'est à lui, j'en conviens, que j'aurais dû demander l'autorisation et que je l'aurais demandée.

2° « *J'ignore si l'affaire... est assez grave et assez urgente... Veuillez* » *me faire connaître l'affaire dont il s'agit.* » D'après l'article 19 du règlement que nous avons cité plus haut, les autorités locales restent forcément juges du motif de l'absence. Elles accordent la permission ou la refusent sans appel. Au moins faut-il reconnaître que l'instituteur n'est pas juge du motif. Pour lui la permission est toujours valable par le seul fait qu'elle est accordée par l'autorité compétente.

C'est donc un contrôle indirect que M. l'inspecteur entend exercer sur la conduite du maire et du curé. Mais ceux-ci n'ont-ils pas le droit de se sentir blessés?

3° « *Avec l'autorisation de M. le maire.* » Faisons observer à M. l'inspecteur que l'instituteur de Réans a obtenu sa permission du maire et du *curé*. Pourquoi M. l'inspecteur ne parle-t-il que de M. le maire! A-t-il pour dessein de flatter le maire de Réans? Peine perdue. L'honorable M. Tachouzin n'éprouve aucun embarras, et M. l'inspecteur le sait bien, à marcher de pair avec son curé. D'ailleurs, telle est, du moins encore, la loi.

Je serais tenté de croire qu'un souffle de laïcisme, une *Monod-manie* si vous voulez, a traversé le cerveau de l'inspecteur de Condom. M. Boyer, qui passe pour devoir sa place à un député bonapartiste, — M. Boyer, qui touche à sa retraite, fait du zèle à tort et à travers.

C'est dommage! M. l'inspecteur a grand tort, par exemple, d'oublier combien de fois il trouva le gîte et le couvert sous le toit du presbytère. Tout aide à vivre en ce bas monde. On dîne chez M. le curé ; et les frais de tournée restent en poche ou, mieux, s'accumulent en rentes sur l'Etat. Quant à la reconnaissance, le fardeau en est léger... Sans insister, courons au post-scriptum. Le post-scriptum est homérique.

4° N'interrompez pas. Voici M. l'inspecteur dans son bureau. Il braque sa lunette du côté de Réans, éloigné de Condom de 30 kilomètres seulement. Immobile, attentif, l'œil en feu il regarde, il voit... Que voit-il? Il voit l'instituteur de ladite commune qui s'apprête à commettre un horrible larcin.

— « Oui, *je le vois*, dit-il, *vous prendrez deux jours au lieu d'un.* » M. Boyer dépose sa lunette d'un cœur satisfait. Il a enfin découvert... un animal dans la lune!

On dit que la passion aveugle. C'est le cas de M. Boyer. Il ne peut me pardonner sa fausse note, dont il prend garde, au reste, de se vanter. Depuis mes protestations qui lui sont revenues du bureau de l'inspection académique, il couve le désir de me trouver en défaut. C'est ce désir qui l'a empêché de remarquer les trois mots soulignés de ma lettre : *Samedi, samedi, ce jour-là.* Mais, en revanche, il y a découvert le mercredi (!) qui n'y est pas : « Vous » prendrez deux jours (mercredi et samedi) au lieu d'un. »

Vous direz à M. Boyer que la chose est pourtant très-claire, que c'est une affaire d'yeux. Mais il vous répond que les sens trompent quelquefois.

Pour plus de sûreté, il établit sa chose par raisonnement métaphysique : « Votre lettre étant datée du mardi 29 octobre..., (Attention, voilà sa pré- » misse !) vous prendrez, je le vois, deux jours au lieu d'un. » Aristote n'est pas aussi fort.

III

Réponse à la réponse de M. l'inspecteur primaire.

Réans, 6 novembre 1878.

Monsieur l'Inspecteur,

Votre lettre du 30 octobre m'est parvenue hier au soir seulement ; le facteur, en mon absence, l'avait laissée chez M. le maire.

En réponse à cette lettre, j'ai l'honneur de vous répéter, en substance, ce que je vous avais dit dans ma première lettre : à savoir, que, vu la gravité et l'imprévu du cas, je m'étais borné à obtenir des autorités locales (maire et *curé*) la permission du samedi 2 novembre et à vous aviser de cette permission.

Je me suis absenté pour des affaires intimes dont les autorités locales ont eu la délicatesse de ne pas me demander le détail, estimant qu'un voyage de 130 kilomètres, entrepris par un temps rigoureux, ne pouvait l'être pour des motifs futiles.

Cependant, si vous y tenez, monsieur l'Inspecteur, je suis prêt à toutes les justifications que vous exigerez.

Daignez agréer, etc.

L'instituteur,

P. DUPUY.

P.-S. — Vous avez vu, monsieur l'Inspecteur, que je prendrais le mercredi 30 octobre. Vous me pardonnerez de n'avoir pas eu d'aussi bons yeux. Le samedi 2 novembre sera remplacé par le jeudi 7 novembre.

IV

Seconde lettre de M. l'inspecteur primaire.

Condom, 10 novembre.

En réponse à l'impertinente observation qui termine votre lettre du 6 novembre, je dois vous dire que je n'ai vu dans votre lettre du 29 octobre que ce que *vous y avez mis et ce que vous auriez dû vous rappeler*. Vous dites, en effet, dans cette lettre : *Obligé de m'absenter*, etc.

Le 29 étant le mardi, vous deviez évidemment partir le mercredi ; veuillez vous expliquer sur ce point d'une manière précise, et tâchez de ne pas être inconvenant.

Vous êtes-vous absenté le mercredi, le jeudi et le vendredi, ou bien le samedi seulement ? Dans le premier cas, vous aurez à remplacer le mercredi 30 octobre par le jeudi 14 novembre. Dans le second, que votre lettre du 29 octobre ne me permettait pas de supposer, vous avez satisfait à votre obligation.

Mais sachez qu'il ne dépend nullement de vous de déterminer le jour par lequel vous devez remplacer celui dont vous ne pouvez disposer qu'après y avoir été autorisé.

Quant au motif de votre absence, *j'exige* que vous me le fassiez connaître immédiatement d'une manière précise, afin que je sache si elle a été suffisamment justifiée et si vous avez eu le droit de bénéficier de l'article 19 du règlement relatif aux *circonstances graves et imprévues*. Faites en sorte de produire à ce sujet toutes les attestations nécessaires.

BOYER.

Décidément, M. Boyer se fâche ; il n'entend pas qu'on le plaisante sur ses lunettes ni sur sa logique. Il revient à son argument : « Le 29 étant un mardi, vous deviez évidemment partir le mercredi. » — Oui, après avoir fait les deux classes, à heure réglementaire.

Chemin faisant, et comme s'il craignait de perdre son temps, M. l'inspecteur me fait une réprimande : « *Sachez qu'il ne dépend nullement de vous de déterminer le jour par lequel vous devez remplacer celui dont vous ne pouvez disposer qu'après y avoir été autorisé.* » — Ma réponse est facile. J'ai transporté au jeudi 7 novembre la classe du samedi 2 du même mois, par ordre de M. l'inspecteur lui-même. M. l'inspecteur a oublié le post-scriptum de sa lettre du 30 octobre citée plus haut.

Me permettra-t-il de lui demander à mon tour s'il a lui-même observé le règlement ? M. l'inspecteur, avant de fixer le 7 novembre pour le remplacement de la classe du 2, a-t-il pris l'avis du délégué et des autorités locales ? (art. 19).

Nous arrivons au point grave de la lettre : « Quant au motif de l'absence, *j'exige* que vous me le fassiez connaître immédiatement d'une manière précise... » Notre inspecteur n'éprouve aucune hésitation. D'où qu'il sorte, il lui faut un grief. Quand le mercredi lui échappe, il se rabat sur le motif de l'absence. Il brûle de connaître cette affaire intime qui m'a appelé précipitamment auprès d'un membre de ma famille, à 130 kilomètres de mon poste. Cette affaire doit lui être communiquée, immédiatement, d'une manière précise. Il l'exige ! ! !

J'avoue qu'il m'en eût peu coûté de communiquer en détail à M. l'inspecteur le motif de mon absence. Cette affaire de famille pouvait sans inconvénient grave sortir du secret. Mais l'outrecuidance de mon chef me révolta.

Comme le débat tendait visiblement à l'aigu, je crus devoir prendre conseil d'un de mes frères. Je reproduis ici sa lettre, parce qu'elle donnera lieu à un petit incident :

V

Lettre de mon frère.

Antist, 13 novembre 1878.

Mon cher frère,

La réclamation de M. l'inspecteur me paraît exorbitante. Vu la nature intime de la communication demandée, — communication qui me touche de très près, — je m'oppose formellement à ce qu'elle soit faite.

Je ne connais pas vos règlements ; mais ils ne peuvent être iniques. Tu as dû te déplacer pour des affaires graves de famille, qui ne souffraient aucun retard ; ta parole doit suffire.

Ton frère dévoué ;

J.-B. DUPUY.

P.-S. Notre sœur va beaucoup mieux.

VI

Réponse à la seconde lettre de M. l'inspecteur primaire.

Réans, 16 novembre 1878.

Monsieur l'Inspecteur,

Veuillez excuser le petit retard que j'apporte à répondre à votre lettre du 10 novembre. La révélation que vous exigez et que j'avais eu tout d'abord l'intention de vous faire, intéresse d'autres que moi. J'ai cru devoir préalablement les consulter. Vous trouverez ci-jointe une lettre que je reçois de l'un de mes frères ; vous voudrez l'agréer comme ma réponse définitive sur ce point.

Vous désirez connaître d'une manière précise, monsieur l'Inspecteur, l'emploi que j'ai fait du mercredi 30 octobre. Ce jour a été pour moi un jour de classe et un jour de voyage : jour de classe jusqu'à quatre heures de soir, jour de voyage après quatre heures. Je déteste et je laisse à d'autres le mensonge et la ruse. Quand je dis que j'ai demandé la permission du samedi, ce n'est pas pour escamoter le mercredi.

Pour ce qui est de déterminer le jeudi par lequel j'ai dû remplacer le samedi 2 novembre, je n'ai nullement songé à m'en arroger le droit, je n'ai fait qu'exécuter vos ordres. (Voir lettre du 30 octobre).

Au sujet de l'impossibilité où j'étais d'attendre votre permission pour le samedi, veuillez considérer que mes affaires m'appelaient immédiatement à plus de cent kilomètres de mon poste. Parti le mercredi soir, je n'ai pu arriver à Antist (Hautes-Pyrénées), centre de mes affaires, que le jeudi soir à cinq heures et demie. Et, pour être à ma classe du samedi je devais repartir le vendredi à neuf heures du matin. Mes affaires ne me l'ont pas permis.

Vous voulez bien, monsieur l'Inspecteur, taxer d'impertinente une observation contenue dans ma lettre du 6 novembre. Si quelqu'une de mes expressions revêt à vos yeux ce caractère, je la retire ; car l'impertinence n'a pas plus été dans mon intention à votre endroit qu'elle n'est dans mes habitudes.

En terminant, il m'est impossible, monsieur l'Inspecteur, de ne pas constater (je le fais avec regret) le parti-pris d'hostilité que vous nourrissez à mon endroit. J'avais bien déjà quelque raison de le supposer ; mais la preuve écrite manquait. Vos lettres ont comblé cette lacune.

Daignez, etc.

L'instituteur,

P. DUPUY.

M. l'inspecteur primaire rentra dans son silence, après avoir passé la corde à M. l'Inspecteur d'académie.

VII

Première lettre de l'inspecteur d'académie (POITRINEAU).

Auch, 19 novembre 1878.

Monsieur l'Instituteur,

A la date du 29 octobre, vous avez écrit à M. l'inspecteur primaire de Condom une lettre vague pour l'avertir que vous alliez vous absenter. — M. l'Inspecteur vous a demandé des explications ; au lieu de les donner vous avez envoyé une lettre de votre frère, prêtre à Antist. La communication de cette lettre, en réponse à l'invitation de M. l'inspecteur primaire, est de la dernière inconvenance. Votre frère n'a pas à s'ingérer dans les affaires administratives de l'inspection académique du Gers (??).

En conséquence, vous voudrez bien m'envoyer immédiatement : 1° des explications au sujet de votre absence ; 2° un certificat attestant que les autorités locales vous avaient permis de vous absenter.

Agréez, monsieur l'Instituteur, l'assurance de ma considération.

L'inspecteur d'académie,

POITRINEAU.

La lettre de M. l'inspecteur d'académie est roide. La considération qu'il offre à son subordonné est aussi courte que possible, et le *prêtre d'Antist* n'est pas ménagé. N'importe, renvoyons les incidents à plus tard. Avant tout, soyons prudent et correct.

VIII

Réponse à M. l'inspecteur d'académie.

Réans, 21 novembre 1878.

Monsieur l'Inspecteur,

En réponse à votre lettre du 19 novembre, que je reçois le 21 à midi, j'ai l'honneur de vous adresser la *permission* que M. le maire lui-même me remit à l'école, le mercredi 30 octobre, à quatre heures du soir.

Pour les explications relatives à mon absence du samedi 2 novembre, je ne puis que reproduire celles que j'ai déjà données à M. l'inspecteur primaire dans mes lettres des 6 et 16 de ce mois :

Une affaire de famille grave m'appelait, le 29 octobre, à plus de 100 kilomètres de mon poste. Forcé de partir le mercredi soir, il m'était impossible d'obtenir dans ce délai, de M. l'inspecteur primaire, une permission pour le samedi, et je ne voyais guère le moyen d'être rentré pour ouvrir mon école ce jour-là. Les autorités locales prirent sur elles de m'autoriser, et je partis.

Malgré toute ma diligence, je n'ai pu arriver à Antist, centre de mes affaires, que le jeudi soir à cinq heures et demie. Pour être à mon devoir le samedi, je devais repartir le vendredi à neuf heures du matin. Mes affaires ne me l'ont pas permis.

Daignez, etc.

L'instituteur,

P. DUPUY.

Mon langage simple et respectueux trompa peut-être l'attente de M. l'inspecteur d'académie. Les justifications exigées étaient fournies. M. Poitrineau n'en voulut pas moins sauver M. Boyer du naufrage par un coup de maître. La lettre qu'il m'adressa est un modèle de grossière arrogance. Citons-la avant de la commenter.

IX

Seconde lettre de M. l'inspecteur d'académie (Poitrineau).

Auch, 24 novembre 1878.

Monsieur, (!)

Dans la lettre *malpropre (sic)* que vous m'avez adressée, vous parlez beaucoup de vos affaires : *Antist, le centre de mes affaires; mes affaires ne m'ont pas permis de repartir le vendredi matin.* Je passe pour cette fois; mais je vous ferai observer que vos affaires c'est l'instruction des enfants qui vous sont confiés, c'est la tenue de votre école qui a été signalée comme mauvaise par *les rapports de l'inspection*, et je vous prie, à l'avenir, de comprendre autrement les convenances et le respect de l'autorité que vous êtes chargé d'enseigner à vos élèves.

Veuillez, etc.

L'inspecteur d'académie,

POITRINEAU.

Beaucoup de mes collègues ne connaissent pas M. l'inspecteur d'académie. Ils n'ont vu que son visage grand officiel, je veux dire ses circulaires platoniques et ses dissertations sur la lecture à haute voix. Nous constatons aujourd'hui, pièces en main, que M. l'inspecteur a un autre visage qui est le vrai, qu'il parle une autre langue qui paraît être plus la sienne.

En disant « *Monsieur* » tout court, comment M. l'inspecteur n'a-t-il pas compris qu'il commettait du même coup une impolitesse et une maladresse ? — Une impolitesse; car entre les membres d'une même hiérarchie, les convenances à garder, si elles ne sont pas égales, sont essentiellement réciproques; la même loi qui m'oblige à dire : Monsieur l'Inspecteur, impose à celui-ci de répondre : Monsieur l'Instituteur. — Une maladresse; M. l'inspecteur se met de lui-même en dehors de la loi du respect. Or, j'ai ouï dire qu'un chef ne doit jamais renoncer à l'avantage de son rang, pour lutter à armes égales avec son inférieur.

Plus on relit ma lettre du 21 novembre et plus la réponse de M. Poitrineau, demeure incompréhensible. Que faut-il penser, en effet, du terme « *malpropre* », tombé de la plume d'un inspecteur d'académie?... Je n'essaierai pas de qualifier cette manière de parler qui sent la rue. Mon langage, alors qu'il ne serait que juste, pourrait paraître excessif. J'aime mieux la livrer sans commentaire à la justice du lecteur. Voilà pour le prélude.

Dans le corps de la lettre, M. Poitrineau m'octroie le pardon en ces termes : « Je passe pour cette fois, mais... » Cette façon de *gronder le marmot* manque totalement de finesse. On trouverait plus digne de M. l'inspecteur d'académie de nous dire si mes explications ont été trouvées oui ou non suffisantes. Si non, pourquoi passer? Si oui, pourquoi ce ton pédant?

Je ne veux pas me donner ici la peine inutile de réclamer contre la réputation de pédantisme qui pèse sur les pauvres instituteurs. Mais je prie le lecteur de ne pas nous refuser au moins le bénéfice des circonstances atténuantes. Le mauvais exemple de nos inspecteurs doit être compté à notre décharge. Après M. Boyer, vous avez vu M. Poitrineau.

M. l'inspecteur d'académie ne se contente pas de me jeter son pardon. Il l'accompagne d'une période véhémente destinée à m'en faire sentir tout le prix. Au cours de cette période, M. Poitrineau prend le soin de nous rappeler que « *la tenue de mon école a été signalée comme mauvaise par les rapports de l'inspection.* » Enfin, la fausse note de M. Boyer revient sur l'eau. Elle ne sera pas oubliée.

CHAPITRE III

Discussion de la note.

I

Réponse à la seconde lettre de M. l'inspecteur d'académie
(Poitrineau).

Réans, 30 novembre 1878.

Monsieur l'Inspecteur,

J'ai l'honneur de vous accuser réception de votre lettre du 24 de ce mois.

Avant d'y répondre, je dois vous présenter une explication touchant la lettre de mon frère. M. l'inspecteur primaire, apparemment, aura négligé de la mettre sous vous yeux : c'est regrettable. Il vous eût épargné de lancer une admonestation, qui, n'atteignant pas son but, doit retomber sévèrement sur vous-même.

Vous auriez vu tout de suite, monsieur l'Inspecteur, que mon frère, « prêtre à Antist, » ne s'est pas ingéré dans les affaires administratives de l'inspection académique du Gers. Il s'est opposé simplement à ce qu'une complaisance exagérée de ma part ne laissât l'inspection académique du Gers s'ingérer dans les siennes : ce qui est, vous en conviendrez, un peu différent.

De mon côté, en communiquant à M. Boyer cette lettre confidentielle, je n'ai pas entendu produire une pièce à valeur juridique, mais un renseignement à titre gracieux sur un point où je croyais n'avoir aucune explication à fournir.

Cela dit, j'arrive à votre dernière lettre. Vous daignez enfin reconnaître, monsieur l'Inspecteur, que, dans mon absence du 2 novembre, je n'ai pas violé le règlement, comme l'avait précipitamment supposé M. Boyer. *« Je passe pour cette fois*, dites-vous, *mais...* » J'ai le regret de vous le dire : la solennelle mauvaise grâce que vous mettez à me pardonner, après vous être bien assuré par vous-même que j'étais innocent, m'empêche de vous remercier et même d'accepter votre pardon.

Je ne suis pas né d'hier, monsieur l'Inspecteur. Depuis plus de quinze ans je sers humblement mon pays en qualité d'instituteur primaire. D'autres positions plus lucratives et moins rudes m'ont été offertes que j'ai refusées. Sans le crier sur les toits, j'ai consacré aux enfants du peuple le meilleur de ma santé et de ma vie. Je n'ai mendié les faveurs d'aucun parti politique. Par un secret que possèdent les cléricaux, j'ai trouvé mon plaisir à faire tranquillement la classe ; et mes états de service appréciés des familles, si modestes soient-ils, sont au-dessus de la calomnie et des faux certificats.

C'est vous dire, monsieur l'Inspecteur, que je ne demande que justice. J'en ai vécu jusqu'à ce jour ; elle me suffit encore.

Je vous sais gré particulièrement de rappeler dans votre lettre la fameuse note qui a servi de prétexte à mon changement. Vous avez compris que le débat relatif au congé d'un jour n'était qu'une mauvaise chicane suscitée après coup. Oui, le point de départ du litige, le nœud de tout le différend est dans la note, que vous faites revivre avec tant d'à-propos.

Je ne l'avais pas oubliée. Deux fois j'ai protesté contre elle très-énergiquement, sans obtenir aucune réponse. Je proteste aujourd'hui pour la troisième fois. Cette note je la déclare improvisée et fausse. Veuillez prendre acte de mes paroles, monsieur l'Inspecteur. Je dis *improvisée et fausse*, non pour la sotte vanité de vous adresser une injure, mais parce que j'en ai les preuves sous la main. Ni vous, ni M. l'inspecteur primaire ne pourrez les récuser.

Ainsi, par votre zèle et non contre mon gré, la question de la note arrive à son vrai point. Entre ma révocation et ma réintégration pure et simple en mon ancien poste, on ne saurait plus trouver un moyen terme : il n'y est pas. Y serait-il, l'honneur de l'inspection académique du Gers, — vous m'avez donné le droit de vous le dire, — vous défend de le chercher.

Veuillez agréer, etc.

P. DUPUY.

II

Lettre à M. le préfet.

Réans, 30 novembre 1878.

Monsieur le Préfet,

J'ai l'honneur de vous informer que, par courrier de ce jour, j'adresse à M. l'inspecteur d'académie une lettre qui vous sera communiquée certainement et de laquelle pour cette raison je me dispense de vous donner copie. Elle est la suite, et j'espère qu'elle sera la fin, d'une correspondance qui me laisse un souvenir pénible.

Obligé de m'absenter un jour de classe pour raison grave et imprévue, muni d'ailleurs de la permission des autorités locales, j'ai été mis en demeure tout aussitôt par MM. les inspecteurs de produire à ce sujet les explications les plus minutieuses. Ils ont enfin reconnu que le règlement avait été observé de tout point ; mais leurs lettres témoignent d'une déception manifeste.

Je me demande avec une légitime surprise si l'instituteur, aujourd'hui, a des ennemis plus dangereux et plus acharnés que ses chefs hiérarchiques. Avec le devoir de surveillance n'ont-ils plus celui d'une loyale protection à l'égard de leur subordonné ? Quelle raison préconçue les pousse à le trouver coupable ? Pourquoi rechercher avec tant de zèle l'occasion de punir ?

M. l'inspecteur d'académie m'a laissé entrevoir le fond de sa pensée en me rappelant la note qui a motivé mon déplacement. Cette note, très-grave pour tout instituteur, est particulièrement blessante pour moi, — l'enseignement primaire ayant été le but constant de mon application et d'études spéciales.

Monsieur le Préfet, j'ai déclaré cette note improvisée et fausse. — Je dois vous en indiquer ici les principales raisons.

A la date du 6 août 1878, ayant exposé par écrit à M. l'inspecteur d'académie les divers bruits relatifs à mon prochain changement, je reçus de lui une réponse très franche et très-catégorique. Il me suffira d'en citer une phrase : « *Vous vous plaisez à Caupenne où vous faites le bien, et l'administration académique a à cœur de vous y maintenir.* » — Qu'est-ce à dire, monsieur le Préfet, si ce n'est qu'à la date du 8 août l'inspection académique est pleinement satisfaite de moi ? Pas une ombre de reproche. Bien plus, dans le cas possible d'une plainte venant du dehors, elle est disposée à me défendre énergiquement. Elle a à cœur de me maintenir à Caupenne. — Cependant la note de M. l'inspecteur primaire est venue depuis, sans qu'aucune visite de mon école ait été faite ni par M. l'inspecteur, ni par le délégué cantonal, ni par les autorités locales.

Le délégué cantonal et les autorités locales n'ont jamais fait subir un examen quelconque à mes élèves durant les trois ans que j'ai occupé le poste de Caupenne. Quant à M. l'inspecteur primaire, il a visité mon école trois fois ; mais j'ajoute qu'il ne l'a pas *inspectée* trois fois.

Deux de ses visites ont eu lieu le matin d'un jour des Rogations. Cette circonstance est capitale. Je vous prie, monsieur le Préfet, de donner votre attention à ce qui suit.

La commune de Caupenne, formée de quatre sections bien distinctes, compte trois églises desservies par le même prêtre. Les processions des Rogations y ont nécessairement un parcours très-long. Les enfants y assistent, tel est l'usage. A leur retour, harassés de fatigue et pressés par la faim, ils se dispensent de venir en classe. Les parents les approuvent et personne jusqu'ici n'a osé y trouver à redire. Voilà pourquoi, monsieur le Préfet, de temps immémorial il n'était pas fait classe à Caupenne un matin des Rogations.

Cependant, guidé par une légitime défiance, j'ai voulu, quant à moi, observer dans toute la mesure du possible la lettre même du règlement. A peine la procession terminée, je réunissais comme d'office les enfants les plus voisins de la maison d'école, c'est-à-dire 5 ou 6 sur 40 inscrits. C'est dans ces conditions, parfaitement connues de M. l'inspecteur primaire, qu'a été visitée mon école deux fois sur trois.

M. l'inspecteur primaire n'a donc fait l'inspection de mon école, au moins avec une apparence sérieuse, qu'une seule fois dans trois ans. Encore cette inspection a-t-elle précédé d'un an et demi, — veuillez bien le remarquer, monsieur le Préfet, — la lettre dans laquelle M. l'inspecteur d'académie rend un hommage si formel à la bonne tenue de mon école.

Par ailleurs, les membres du conseil municipal et les pères de famille de Caupenne, dans une protestation que vous n'avez peut-être pas oubliée, se déclarent très-satisfaits de mon application et des résultats de ma classe.

Je me borne, monsieur le Préfet, à ces quelques indications, me réservant de vous renseigner plus au long quand vous en exprimerez le désir. Dès aujourd'hui, je fais appel à votre justice et j'attends en toute confiance votre décision.

Daignez agréer, etc.

P. DUPUY.

P.-S. — Si j'ai omis de mentionner ci-dessus une quatrième tournée de M. l'inspecteur primaire, c'est qu'elle n'avait pas trait aux matières de classe. En novembre 1877, M. Boyer est venu me porter confidentiellement la défense de comparaître devant la commission d'enquête.

III

Lettre de rappel à M. le préfet.

Il y a deux manières de réfléchir qui ont cours parmi les hommes ; je ne sais laquelle des deux est le plus en usage. L'une a pour but d'éclaircir les quéstions obscures, l'autre se propose d'obscurcir les questions trop claires. M. l'inspecteur d'académie et M. le préfet avaient déjà passé huit jours pleins à réfléchir de la seconde manière. Ni l'un ni l'autre ne répondaient.

Je laissai donc M. Poitrineau rejoindre silencieusement M. Boyer, pour ne plus m'adresser qu'à M. le préfet. Après tout, c'était au préfet qu'il fallait aboutir, comme au seul juge compétent du conflit :

Réans, 7 décembre 1878.

Monsieur le Préfet,

Permettez-moi de rappeler à votre attention ma lettre du 30 novembre. La fausse note qui en fait l'objet principal, — déjà vieille de deux mois, — essaye de flétrir quinze ans et plus d'un service dévoué.

Je ne suis qu'un simple instituteur. Les plaintes des petits, je le sais, n'arrivèrent jamais à l'oreille des juges sans quelque difficulté. Mais la sollicitude que vous professez si hautement pour tout ce qui touche à l'instruction primaire me donne le droit d'attendre de vous, en cette circonstance, pleine et prompte justice.

Daignez agréer, etc.

L'instituteur,
P. DUPUY.

IV

Lettre de M. Sarrat, inspecteur primaire de l'arrondissement d'Auch.

Le lundi 9 décembre, comme je venais de terminer la classe du matin, j'aperçus le facteur se diriger vers moi : « *Tiens, une lettre du préfet!* me dis-je aussitôt. *Il a voulu n'être pas en retard cette fois.* » J'ouvre la lettre. Elle était signée S. Sarrat. — « Que vient faire ici M. Sarrat, qui n'est pas mon inspecteur primaire? Aurait-il repris l'intérim de l'inspection académique, par le départ ou le décès de M. Poitrineau?... »

Auch, 8 décembre 1878.

Monsieur l'Instituteur,

J'arrive de tournée, et à mon retour M. le préfet et M. l'inspecteur d'académie me communiquent plusieurs lettres que vous leur avez adressées et où vous faites allusion à une note fausse ayant amené votre changement et à une lettre bienveillante que vous aurait adressée M. l'inspecteur d'académie à la date du 8 août. Cette dernière lettre c'est moi qui vous l'ai écrite en l'absence de M. l'inspecteur d'académie alors à Toulouse. Elle me fut dictée par la bienveillance que j'avais pour vous et par une certaine sympathie que vous m'aviez inspirée à une autre époque en me racontant vos ennuis à Goux-Plaisance. De plus, vous avez été mon élève. Ma lettre n'avait donc *aucun caractère administratif*, et je ne l'aurais pas écrite, si j'avais connu le jugement porté sur vous par mon collègue de Condom, mieux à même de vous apprécier que moi. Les propositions de changement pour les cinq arrondissements du département du Gers ont été mises sous les yeux de M. l'inspecteur d'académie dans les trois premiers jours d'août, c'est-à-dire cinq jours avant l'envoi de la lettre à laquelle vous faites allusion.

Comme la mutation très-motivée que proposait pour vous M. l'inspecteur primaire de Condom se faisait dans son arrondissement, je n'avais pas pris garde aux notes qui vous concernaient. Autrement, malgré toute la bienveillance toute personnelle que j'avais pour vous et l'intérêt que je vous portais, j'aurais été très-coupable de vous écrire comme je l'ai fait. — Où donc dans tout cela est la note fausse dont vous parlez ? Tous les inspecteurs se sont réunis en même temps au commencement d'août pour faire et discuter les mutations ; et aujourd'hui que j'ai sous les yeux tout votre dossier, je dois vous dire que la proposition de M. l'inspecteur primaire de Condom relativement à votre nomination à Réans est motivée, non-seulement par le jugement qu'il a porté sur vous en août dernier, mais encore par son bulletin d'inspection du 24 mai 1876 et surtout par celui du 25 juillet 1877. — Si donc dans tout ceci, il y a une pièce *sans valeur administrative*, c'est assurément la lettre que je vous ai adressée en l'absence de l'inspecteur d'académie et dont vous avez fait le plus triste usage en l'employant à insulter vos chefs.

S. SARRAT.

La lettre de M. Sarrat n'est ni courte ni claire, et c'est là son mérite. Il faut convenir que, pour jeter de la poussière aux yeux d'un instituteur et lui donner le change, on aurait pu s'y prendre moins habilement. Je la résume ainsi : « Vous pensez que la lettre du 8 août, — adressée à monsieur l'Instituteur et signée : pour l'inspecteur d'académie, l'inspecteur primaire délégué, — a quelque valeur administrative ? Eh bien ! vous êtes mille fois dans l'erreur ; moi qui l'ai écrite, je vous le dis. »

De l'aveu de M. Sarrat, parmi les lettres administratives de l'inspection académique du Gers, il y en a de sérieuses et il y en a pour rire ; il y en a qui comptent et d'autres qui ne comptent pas. Elles portent toutes la même marque officielle, c'est vrai ; mais tant pis pour l'instituteur, assez naïf pour les confondre. Les inspecteurs primaires de la R. F. ne sont pas plus gênés que cela. Croyez donc qu'ils sont des farceurs, puisqu'ils vous le disent.

Le désaveu de M. Sarrat, qui semble ne porter que sur la lettre du 8 août 1878, atteint fatalement les deux autres lettres de l'inspecteur d'académie intérimaire. Or, la dernière, relative à la proposition du poste de Trie, fut rédigée, on s'en souvient, dans le cabinet même du préfet. M. Sarrat ne craint-il pas d'insinuer que M. Monod, caché derrière la toile, a pris sa petite part à la comédie.

Le procédé de M. Sarrat n'est pas seulement plaisant ; il cache une basse trahison. Rétracter la lettre du 8 août, c'est vouloir enlever à l'instituteur de Réans un moyen légitime et nécessaire de défense ; c'est livrer un petit fonctionnaire pieds et poings liés à la vengeance du préfet. Le besoin d'une excuse se fait sentir et M. Sarrat nous apprend lui-même que cet instituteur a été son élève ! c'est M. Sarrat qui le dit. Je n'aurais jamais osé prendre sur moi de révéler ce côté odieux de sa mauvaise action.

V

Qui est M. Sarrat ?

J'aurais voulu ne pas rencontrer M. Sarrat dans l'affaire de la fausse note.

La vilaine besogne à laquelle il n'a pas rougi de s'employer m'oblige de dire qui il est. Je le ferai brièvement.

Aux beaux jours de l'Empire, M. Sarrat, dirigeait l'école communale de Tournay (Hautes-Pyrénées). C'est là que j'ai été, *onze mois*, son élève. Le peu de temps que j'ai passé auprès de lui permet à M. Sarrat de rappeler ce souvenir ou de l'oublier selon le besoin du moment. Avec une instruction médiocre, l'instituteur de Tournay fut un pédagogue de vrai mérite. Son talent toutefois ne suffisait pas pour l'élever aux positions qu'il a occupées plus tard.

M. Sarrat a grandi sous l'aile protectrice du docteur Pédebidou, maire de Tournay, conseiller général et bonapartiste militant. Par M. Pédebidou, il arrivait au député Jubinal, et par M. Jubinal, il obtenait la place d'inspecteur primaire à Céret (Pyrénées-Orientales). C'était en 1869. Dans son nouveau poste, M. Sarrat ne néglige rien pour entrer en bonnes relations avec le principal du collége de Perpignan : l'abbé de Cassagnac, de vénérable et regrettée mémoire, frère de M. Granier de Cassagnac, le député inamovible de Mirande. Dès le mois d'avril 1872, rien que par un coup du hasard, le poste de Mirande ouvrait ses bras à l'inspecteur de Céret.

Le discrédit toujours croissant des hommes du 4 Septembre semblait devoir amener prochainement le retour de l'Empire. Aussi notre inspecteur, quoique officiellement républicain, avait-il grand soin de ne pas s'éloigner du Couloumé : son cœur le poussait de ce côté-là. Les habitants du Couloumé, (canton de Plaisance), se souviennent encore, avec admiration, du zèle qu'il mettait à visiter leur école toutes les fois que M. Paul de Cassagnac venait passer quelques jours de loisir dans son château de famille.

Cependant la brise orléaniste soufflait dans les régions gouvernementales. L'inspecteur de Mirande, guidé par des intérêts personnels et de famille, glissa discrètement des hauteurs du Couloumé vers M. Lacave-Laplagne, sénateur. En 1877, il fut nommé inspecteur de première classe au chef-lieu du département.

Après le 14 octobre de la même année et surtout après le 14 décembre, quand la République eut retrouvé son vent, l'inspecteur primaire d'Auch ne regarda plus en arrière ni par côté. Nous l'avons vu finalement au service de M. Jean David et nul ne déployait plus de zèle à « chauffer le four » du boulanger franc-maçon.

La facilité et le succès avec lesquels M. Sarrat a servi tous les régimes peut surprendre à première vue. Ceux qui l'ont connu de près savent très bien que, pour devenir le reptile gambettiste d'aujourd'hui, l'ancien instituteur de Tournay n'avait pas à changer de principes. Les principes sont un fardeau gênant à qui veut arriver. Aussi M. Sarrat, qui le sait et qui veut arriver, n'a pas de principes. Mieux que cela, il a pour principe de ne pas en avoir. Il ne se trompe jamais à deviner d'où vient le vent. Il a du flair, il est roué, il dédaigne les livres. Parmi les protecteurs en renom, il s'abrite d'instinct sous le plus influent. Il sert habilement ses maîtres, pressent leurs désirs inavouables et ne tarde pas à se rendre nécessaire. M. Sarrat excelle à exécuter les basses œuvres.

Le préfet Monod était impatient de lancer la foudre sur le petit instituteur de Réans rebelle à sa politique ; la pièce administrative du 8 août seule retenait son bras. Il mande M. Sarrat ; ou plutôt M. Sarrat, devinant la pensée du préfet, se présente de lui-même et dit : « Maître, cet instituteur embarrasse votre conscience ?... Laissez-moi faire. » Et M. Sarrat écrivit la lettre que nous avons vue pour rétracter ses actes officiels d'inspecteur d'académie intérimaire. Cette lettre proprement est une infamie. Qu'importe à M. Sarrat ? Il sert et il arrive.

VI

Réponse à M. Sarrat, inspecteur primaire de l'arrondissement d'Auch.

Réans, le 10 décembre 1878.

Monsieur Sarrat,

La bienveillance toute personnelle que vous professez pour moi, en cette circonstance, me touche. Je vous prie, néanmoins, de ne pas trop la mêler à l'affaire de mon changement où elle pourrait paraître déplacée. Veuillez bien remarquer, en effet, que je me suis adressé à M. l'inspecteur d'académie exclusivement ; et c'est toujours l'inspecteur d'académie, intérimaire ou titulaire, qui a répondu.

Ainsi, c'est M. l'inspecteur d'académie qui, le 8 août, sans compliments et sans phrases, rend témoignage à la bonne tenue de mon école. — *(Vous faites le bien à Caupenne et l'administration académique a à cœur de vous y maintenir.)*

C'est encore M. l'inspecteur d'académie qui me communique, à la date du 27 septembre, la fameuse note de l'inspecteur primaire de Condom. — *(Lorsque vous avez écrit à l'inspection académique pour exprimer..., je me suis empressé en qualité d'inspecteur d'académie intérimaire de vous rassurer).*

C'est toujours l'inspecteur d'académie, *et cette fois du cabinet du préfet*, qui me propose le poste de Trie, « chef-lieu de canton assez important. » Est-ce parce qu'il croyait la mauvaise note très-fondée qu'il m'offrait de l'avancement?...

Votre longue lettre, M. Sarrat, donnerait lieu à beaucoup d'observations et de rectifications. Le moment est pressé ; cela pourra venir plus tard. Je me contente de vous signaler aujourd'hui un point grave où vous êtes en plein désaccord avec l'inspecteur d'académie intérimaire.

Vous dites : « Les propositions de changement pour les cinq arrondissements du département du Gers ont été mises sous les yeux de M. l'inspecteur d'académie dans les *trois premiers jours d'août...* » — L'inspecteur d'académie intérimaire avait écrit, le 27 septembre : « Il n'y avait encore (le 8 août) aucune plainte contre vous. Mais il nous est arrivé depuis (depuis le 8 août) une proposition de changement avec cette note, etc. »

En dehors de la question qui nous occupe, veuillez agréer, monsieur Sarrat, mes hommages respectueux et dévoués.

P. DUPUY.

Le trop officieux M. Sarrat resta désappointé. Il avait cru, par un effort d'éloquence et d'impudence, pouvoir enlever à la lettre de l'inspecteur d'académie intérimaire son caractère officiel, sa valeur administrative et juridique. Il l'avait espéré! Mais espérer et tenir sont deux. L'instituteur, au lieu de reconnaître sa *méprise*, s'obstine à considérer la pièce du 8 août comme bonne et très-bonne. Les dénégations de M. Sarrat, entremêlées de larmes de crocodile, n'ont fait que l'irriter davantage et le rendre plus intraitable. Plus d'illusion, plus d'espoir. Le coup avait raté.

Le traître dut enfin, triste et penaud, s'acheminer vers la préfecture où il était impatiemment attendu. Ce n'est pas sans douleur et sans perplexité, je vous prie de le croire, qu'il se présenta au préfet les mains vides. L'ours dont il avait promis de livrer la peau sans délai, était encore en bonne santé!

M. Monod, à qui on avait vanté l'habileté de M. Sarrat, fronça le sourcil et donna libre cours à sa mauvaise humeur. Comme il revenait toujours à reprocher à son inspecteur la malencontreuse lettre du 8 août, l'infortuné le suppliait d'une voix dolente, prenant à témoin et la terre et le ciel qu'il avait fait tout son possible pour réparer sa « faute », que l'embarras du préfet lui causait à lui-même une assez grande peine, qu'il en mourrait de chagrin.... Enfin il sortit accablé de tristesse, ayant perdu du même coup la confiance du maître et les « trente deniers. » On craignit un instant qu'il ne s'allât pendre, tant il paraissait inconsolable. Cependant il n'en fit rien.

Le séjour de la ville d'Auch devenait chaque jour plus insupportable au malheureux inspecteur primaire. Le 1er janvier 1879, il sollicita, nous assure-t-on, comme grâce suprême, d'être envoyé, près de son pays natal, dans un poste moins important que celui qu'il occupait. M. le préfet du Gers ne crut pas devoir refuser cette consolation à un homme qui ne pouvait plus lui rendre de meilleur service que celui de s'éloigner.

M. Sarrat fut ainsi nommé inspecteur des écoles de l'arrondissement de Bagnères (Hautes-Pyrénées). Sans être prophète, je prédis aux Bagnérais que leur inspecteur, désireux avant tout de plaire à son nouveau préfet, se fera colporteur de « photographies. » Il sera, ou du moins tâchera d'être, l'homme de M. Rivaud, dont il attend la croix d'honneur pour le jour très-prochain où il quittera le service.

Le même jour, — 1er janvier 1879, — M. Boyer, admis à faire valoir ses droits à la retraite, quittait l'inspection de Condom pour rentrer dans la vie privée. Aujourd'hui, libre de tout souci, il jouit à loisir de ses frais de tournée mis en réserve... et de sa gloire!

CHAPITRE IV

Discussion de la note *(suite)*.

I

Lettre de M. le Préfet.

CABINET
du Préfet.

Auch, 10 décembre 1878.

Monsieur l'Instituteur,

J'ai reçu les deux lettres que vous m'avez adressées au sujet de votre nomination à Réans.

J'aurais été très-disposé à examiner votre réclamation avec la sollicitude que j'apporte à tout ce qui concerne les intérêts des instituteurs, *si* je n'avais eu connaissance de la lettre que vous avez écrite le 30 novembre à M. l'inspecteur d'académie.

Cette lettre est outrageante pour vos chefs hiérarchiques, pour M. l'inspecteur d'académie et pour M. l'inspecteur primaire de Condom.

J'ai dû, pour vous répondre, attendre le retour de M. Sarrat, inspecteur primaire à Auch, signataire de la lettre datée du 8 août, à laquelle vous faites allusion dans celle que j'ai reçue de vous.

M. Sarrat vous a prévenu que sa lettre n'avait dans sa pensée aucun caractère officiel; qu'elle n'était que l'expression de la bienveillance personnelle qu'il vous portait.

Mais, *quoi qu'il en soit de cette question*, rien ne pouvait vous autoriser à vous adresser à M. l'inspecteur d'académie dans les termes que vous avez employés.

Je suppose que vous regretterez, après réflexion, et que vous retirerez de la manière la plus catégorique les expressions dont vous vous êtes servi. Je verrai alors si M. l'inspecteur d'académie a la bonté de se contenter de cette rétractation.

J'attends vos explications, ce n'est que lorsque cette *question préjudicielle* sera vidée que je pourrai examiner à nouveau celle de votre mutation.

Agréez, etc.

Le préfet,

MONOD.

En rapprochant cette lettre de celle que m'écrivait, à la date du 24 novembre, M. l'inspecteur d'académie, on est vivement frappé de la différence qui existe entre les deux pièces.

L'inspecteur est vain, arrogant, maladroit. Il ne sait guère où il va ni beaucoup ce qu'il dit. Il se heurte à l'obstacle, qu'il n'a pas su prévoir, et le premier choc lui fait perdre l'équilibre. M. Poitrineau est un homme de lettres.

Le préfet, au contraire, regarde avant tout le but, prévoit la résistance et ne pose le pied qu'en lieu sûr. Il est mesuré dans ses paroles, prudent dans ses affirmations. Il a le talent de ne pas contester l'évidence, sans compter qu'il a mis plus d'une corde à son arc. M. Monod est un homme d'affaires. Admirez son habileté dans le soin qu'il met, — après avoir invoqué, contre la lettre du 8 août, la théorie de la « bienveillance personnelle », — à laisser peser sur M. Sarrat toute la responsabilité de cette interprétation scabreuse !

M. le Préfet va plus loin. Il laisse entendre assez clairement que l'instituteur est dans son droit quant au fond, et que l'affaire de la mutation (il ne dit pas de la fausse note) mérite d'être révisée. Mais, — et c'est ici que M. Monod nous montre le bout de l'oreille, — il y a une *question préjudicielle* de respect à vider. Cette question préalable permet à M. le préfet de renvoyer aux calendes grecques le pourvoi de l'instituteur. C'est bien plus habile que d'en contester la légitimité.

II

Réponse à M. le Préfet.

Réans, 12 décembre 1878.

Monsieur le Préfet,

J'ai l'honneur de vous accuser réception de votre lettre du 10 décembre. Quand je l'ai reçue, je venais de terminer moi-même un petit Rapport destiné à compléter ma lettre du 30 novembre. Je crois devoir le transcrire *intégralement* et vous l'envoyer. (*Voir paragraphes III et IV*).

Votre lettre, monsieur le Préfet, est une nouvelle preuve (j'en ai d'autres entre les mains) que MM. les inspecteurs ont pris à tâche d'enterrer le fond même de la question sous une querelle de civilité. Dieu me garde de leur laisser ce prétexte !

Je rétracte de la manière la plus catégorique celles de mes expressions qui ont pu paraître répréhensibles. Je veux même oublier que M. l'inspecteur d'académie a écrit une *parole blessante* pour un membre de ma famille; qu'il a qualifié de *malpropre* une de mes lettres; qu'il a dit à son subordonné : « *Monsieur,* » tout court, — ne prenant pas garde sans doute qu'il se mettait ainsi lui-même en dehors de la loi du respect. Je veux oublier tout cela.

Encore une fois, je retire formellement et sans réserve tout ce que tel ou tel mot, dans mes lettres, peut avoir d'irrespectueux pour mes chefs.

C'est avec un profond respect pour tous mes chefs hiérarchiques, et plein de confiance en la haute justice de M. le préfet du Gers, que je persiste à déclarer *improvisée* et *fausse* la note fournie par M. l'inspecteur primaire de Condom.

Daignez, etc.

L'instituteur de Réans,
P. DUPUY.

III

Rapport à M. le préfet.

1ʳᵉ partie.

Réans, 12 décembre 1878.

COMMENT M. BOYER A INSPECTÉ MON ÉCOLE

Durant les trois ans que j'ai occupé le poste de Caupenne, (canton de Nogaro), M. Boyer, inspecteur primaire, a visité trois fois mon école : en mai 1876, en juillet 1877, en mai 1878.

Première visite. (mai 1876). — M. l'inspecteur est arrivé à Caupenne le matin d'un jour des Rogations. Ainsi que j'ai eu l'honneur de vous le faire remarquer, monsieur le Préfet, la circonstance des Rogations est ici d'une importance capitale, pour apprécier la portée de la visite de M. l'inspecteur.

La commune de Caupenne, formée de quatre anciennes communes, c'est-à-dire de quatre sections bien distinctes, possède trois églises desservies par le même prêtre. La procession des Rogations a, pour cette raison même, un parcours très-étendu. Les enfants y assistent par la volonté des familles. A leur retour, — vers les neuf ou dix heures, — s'autorisant de leur fatigue, de l'heure avancée et, peut-être aussi, du retard inaccoutumé imposé à leur déjeuner, ils se dispensent habituellement de venir à la classe du matin. Leurs parents n'y contredisent pas et, pour tout dire, personne jusqu'ici n'a jugé convenable de réclamer. Voilà comment s'était établi à Caupenne, monsieur le Préfet, l'usage de pas faire classe le matin d'un jour des Rogations. Cependant j'ai voulu, quant à moi, observer dans toute la mesure du possible la lettre même du règlement. A peine la procession terminée, je réunissais comme d'office les enfants les plus voisins de l'école, c'est-à-dire *six* ou *sept* sur *quarante*.

C'est dans ces conditions très-remarquables que M. l'inspecteur primaire a visité mon école la première fois. Aussi l'inspection s'est-elle absolument bornée à un petit exercice de lecture qui n'a pas duré un *quart d'heure*. M. Boyer devait revenir un an plus tard, en juillet 1877.

Deuxième visite. (juillet 1877). — Il est à peine huit heures moins un quart. M. Boyer se présente à la maison d'école pour assister à l'entrée des élèves. Dès son arrivée il exprime le désir de voir M. le maire. Un messager est expédié, qui part en toute hâte, car l'habitation de M. le maire est éloignée de la maison-commune. En attendant, M. l'inspecteur se met à l'œuvre. Mais au lieu de laisser dérouler devant lui les divers exercices d'une classe complète, il fait lire un peu les élèves, leur adresse lui-même quelques questions détachées et disparaît. Son inspection n'a pas duré *demi-heure*.

De son côté, M. le maire, craignant d'être en retard, se pressait d'arriver au trot de son cheval. Peine perdue. Force lui fut d'attendre le retour de M. l'inspecteur.

M. Boyer ne revenait pas.

Je crus enfin pouvoir me permettre de lui dépêcher un enfant pour l'informer de l'arrivée et de l'attente de M. le maire. M. Boyer était au presbytère où il devait déjeuner ce jour-là entouré de nombreux convives. En mentionnant la coïncidence de l'inspection et du déjeuner, il n'entre nullement en mon esprit de m'immiscer dans des affaires qui ne me regardent pas. Mais cette circonstance, qui vaut tout un témoignage, me paraît bonne à citer. Elle jette un grand jour dans la question qui nous occupe ; c'est un point de rappel qui pourra venir au secours, s'il est besoin, de la mémoire de M. l'inspecteur lui-même.

M. l'inspecteur revient donc à la maison-commune, s'abouche avec M. le maire et confère avec lui jusqu'à la petite récréation de neuf heures et demie. Pendant la récréation, le colloque continue en ma présence, dans la cour de l'école. Je rentre en classe avec les élèves, et la conversation de M. l'inspecteur avec M. le maire se poursuit toujours.

Enfin, onze heures sonnent. Avant de congédier les élèves, je vais prévenir M. l'inspecteur que la classe touche à sa fin: je lui demande s'il ne désire pas voir encore, au moins un peu, les enfants. M. Boyer rentre à l'école, prend ses effets de voyage, fait quelques courtes observations... et tout est terminé.

Troisième visite. (mai 1878). — Est-ce pur hasard, est-ce préméditation ? Je ne le sais. M. l'inspecteur arrive encore le matin d'un jour des rogations. Comme la première fois, il trouve *six* ou *sept* élèves sur quarante, que j'avais réunis un peu par contrainte vers les dix heures, et il les inspecte un peu moins que la première fois.

Notons, en passant, que M. l'inspecteur a coutume de faire double visite. Ainsi, en mai 1876 et en mai 1878, — le même matin, — M. l'inspecteur visite l'école des garçons et l'école des filles.

En résumé, des trois visites de M. l'inspecteur, la première et la dernière doivent être réputées nulles, absolument nulles. En dehors de la circonstance de temps, il y manquait une chose essentielle, à mon avis..., les élèves !

La seconde est très-incomplète par le temps relativement court qui y a été consacré et aussi par le nombre d'élèves. Caupenne est une population toute d'agriculteurs, et M. Boyer n'ignore pas qu'au mois de juillet, — époque de la moisson, — plus de la moitié des enfants sont retenus dans leurs familles. Les registres de présence l'attestent.

IV

Rapport à M. le Préfet.

(2e partie).

NOTE DE M. BOYER MISE EN REGARD DES FAITS

La note est ainsi conçue : « *Ne fait pas la classe avec assez de zèle.* — *Mauvaise méthode.* — *Résultats peu satisfaisants.* »

1° *Ne fait pas la classe avec assez de zèle.* — Je ne sais de quel zèle entend parler M. l'inspecteur. Il ne peut être question évidemment de ma manière de faire la classe, attendu que M. l'inspecteur ne la connaît pas. Je n'ai jamais fait la classe, nous l'avons vu, en présence de M. Boyer. La seule fois que les élèves aient été interrogés, il s'est réservé le soin de les interroger lui-même. Quant à l'exactitude qui concerne les heures, j'ose dire que j'ai été fidèle à l'heure, à la minute même. Personne, à Caupenne, n'avancera le contraire. D'ailleurs, M. Boyer a pu constater lui-même, par deux fois, que j'ai fait classe, même le matin d'un jour de rogations.

De quel manque de zèle veut-il donc parler ? — Ah ! c'est que M. l'inspecteur s'est mépris. Voulant servir de petites rancunes, — inavouées parce qu'elles sont inavouables, et que je veux à peine mentionner par nécessité, — M. Boyer a cru entendre : « Pas assez de zèle ! » — C'est : « Trop de zèle, » qu'on lui soufflait.

En effet, je n'ai pu consentir à remplir l'office de chantre, aux messes de *Requiem*, qui se célébraient toujours entre huit et onze heures. Secrétaire de mairie et un peu de tout le monde, j'ai refusé impitoyablement d'ouvrir mon bureau pendant la classe. J'ai rompu avec l'usage qui, aux heures de classe aussi, conduisait le secrétaire de la mairie aux repas de noces et autres. J'ai écarté par devoir de conscience, — *en me conformant d'ailleurs à toutes les prescriptions du règlement*, — des élèves reconnus incorrigibles ou dangereux pour leurs camarades. Enfin (toujours par excès de zèle), j'invitais les enfants, surtout les enfants des familles pauvres, à venir de bon matin étudier leurs leçons ou faire leurs devoirs sous mes yeux, à la maison d'école. Pourquoi ? parce que chez eux, le plus souvent, ils ne trouvent ni le lieu ni le recueillement convenables pour cela.

Ces faits sont publics dans la commune de Caupenne.

2° *Mauvaise méthode.* — M. l'inspecteur n'ayant jamais voulu assister à une de mes classes, ne m'ayant pas même permis d'interroger les enfants en sa présence, — n'ayant lui-même interrogé qu'un petit nombre d'élèves, une seule fois et d'une manière rapide, — M. l'inspecteur n'a pu juger ma méthode en connaissance de cause. C'est évident.

3° *Résultats peu satisfaisants.* — Ici la note de M. l'inspecteur suppose au moins deux inspections sérieuses, qui n'ont jamais été faites. Ce n'est qu'à la condition d'examiner avec soin et en détail les mêmes enfants, à des époques différentes, qu'on peut se prononcer sur leurs progrès. Or, nous avons vu comment l'école de Caupenne a été inspectée.

M. l'inspecteur semble oublier encore que mon prédécesseur, avant de succomber à la peine, est resté longtemps malade. De là vient que j'ai trouvé en arrivant à Caupenne, — sans que mon prédécesseur en fût aucunement responsable, — les enfants de douze ans sachant à peine lire. Ma tâche n'était donc pas des plus faciles. Durant les trois ans que j'ai occupé ce poste, je ne pouvais parcourir un long chemin. J'étais en face d'une œuvre à recommencer.

Les membres du conseil municipal et les pères de famille, — je leur dois de le reconnaître, — ont su apprécier les efforts que j'ai déployés dans ce labeur ingrat. Dans une protestation que vous ne pouvez avoir oubliée, monsieur le Préfet, ils se déclarent très-satisfaits de mes services. En face de l'indignation générale, M. le maire a refusé pendant quatre jours d'installer le nouveau titulaire. Il n'a enfin cédé que sous le poids de menaces indignes, exercées en votre nom et que certainement vous avez ignorées.

Et qu'on ne dise pas que les pères de famille sont incompétents en pareille matière. Ils ne le sont pas autant qu'on voudrait le supposer, au moins dans l'appréciation du résultat général. Leur bon sens constate, pour moi, ce fait très-simple et pourtant très-significatif : leurs enfants aimaient à fréquenter l'école d'un maître qui n'avait cependant pas la réputation de les flatter.

Quoi qu'il en soit de ces trois visites, M. Boyer n'a pas manqué d'adresser chaque fois et sans retard, — comme c'était son devoir, — un rapport à l'inspection académique. M. l'inspecteur d'académie avait donc ce triple rapport sous les yeux, lorsque, spécialement consulté par moi, il s'empressa de me rassurer, à la date du 8 août dernier. « Aucune plainte jusqu'ici n'a » été portée contre vous. Vous vous plaisez à Caupenne où *vous faites le bien.* » L'administration académique a à cœur de vous y maintenir. Soyez donc » sans inquiétude. »

Il est évident, monsieur le Préfet, que la note de M. Boyer est une pièce de la dernière heure, pièce improvisée et maladroitement improvisée. Car M. Boyer, pour la couvrir, n'avait qu'à faire une visite de mon école, en bonne forme, vers la fin d'août. Il est vrai qu'il ne pouvait s'attendre à ce que sa note me fût communiquée.

Tant de prévoyance de ma part, monsieur le Préfet, pourrait ici vous étonner. En voici le secret. Au mois de mai 1878, c'est-à-dire cinq mois à l'avance, M. Boyer avait promis quelque part mon changement ; il l'avait promis, comme on dit, entre la poire et le fromage. Naturellement, je ne tardai pas à en être informé. C'est pour devancer cette manœuvre souterraine, que j'écrivis à M. l'inspecteur d'académie. Je tenais à connaître sa pensée franche, compétente, encore désintéressée, à mon endroit.

Je ne sais trop pourquoi M. Sarrat, dans une lettre toute privée qu'il vient de m'écrire, essaye de rétracter la lettre administrative de l'inspecteur d'académie intérimaire. M. Sarrat semble regretter d'avoir fait honnêtement son devoir. Je ne puis supposer, comme il le voudrait, — non je ne supposerai jamais que mes chefs, mêmes intérimaires, traitant des affaires sérieuses, — n'ont pas agi sérieusement.

V

Inspections de M. Boyer en regard de la loi.

Il ne sera pas inutile de mettre ici sous les yeux du lecteur quelques points des circulaires et arrêtés ministériels ayant trait à l'inspection des écoles.

1° « L'inspecteur primaire ne doit pas inspecter plus de deux écoles par jour (une le matin et une le soir), à moins d'autorisation spéciale donnée par l'inspecteur d'académie pour des cas déterminés. » (Arrêté du 3 janvier 1851, art. 4).

Nous avons vu M. Boyer inspecter par deux fois l'école des garçons et l'école des filles le matin d'un jour des rogations.

2° « MM. les inspecteurs primaires devront constater à leur visite dans l'école, sur le registre matricule, le nombre des élèves inscrits et celui des élèves présents au moment de leur inspection. » (Circulaire du 6 février 1862).

M. Boyer n'a jamais, dans mon école de Caupenne, rempli cette prescription.

3° « Le bulletin d'inspection fera connaître d'une manière succincte la situation matérielle, pédagogique et morale de la classe, ainsi que l'opinion de l'inspecteur sur l'école et sur le maître. Ce bulletin devra être envoyé soit le jour même, soit le lendemain, soit *au plus tard* le surlendemain du jour de l'inspection. (Circulaire du 6 février 1862).

M. l'Inspecteur d'académie avait donc sous les yeux, de par la loi, le triple bulletin de l'inspecteur primaire de Condom, lorsqu'il m'écrivait à la date du 8 août 1878 : « Vous faites le bien à Caupenne et l'administration académique a à cœur de vous y maintenir. Soyez sans inquiétude. »

4° « Des instructions ministérielles défendent aux inspecteurs en tournée d'accepter des invitations chez les *autorités locales*. Il est alloué à ces fonctionnaires des frais de tournée qui varient de 7 à 9 francs par jour. »

M. Boyer ignore absolument la défense. On cite, par exemple, tel maire du canton de Cazaubon dont il s'est fait l'hôte importun durant trois jours. Enfin, le maître ayant quitté sa propre maison pour un voyage simulé, M. Boyer se résigna à porter ailleurs ses pénates.

VI

Dernière lettre de rappel à M. le Préfet.

Réans, 23 décembre 1878.

Monsieur le Préfet,

Ne soyez pas importuné si je viens dénoncer encore à votre justice la fausse note par laquelle M. l'inspecteur primaire de Condom a provoqué mon changement. Contre cette note, qui date du mois de septembre, j'ai protesté, soit auprès de M. l'inspecteur d'académie, soit auprès de vous-même : j'ai protesté *six autres fois*.

J'ai déclaré et je maintiens que M. l'inspecteur primaire a commis *un faux*, en m'infligeant une note qui ne repose sur aucune visite préalable de mon école. Mes lettres du 30 novembre et du 12 décembre ont mis sous vos yeux, monsieur le Préfet, un exposé succinct des preuves qui viennent appuyer mon assertion.

Quant à M. l'inspecteur primaire, dont mes protestations mettaient en cause l'honorabilité, il n'a pu attendre jusqu'à ce jour de faire auprès de vous la justification de sa note.

Il m'est donc permis de supposer que, par suite des explications fournies de part et d'autre, la cause est aujourd'hui suffisamment instruite. Et sans vouloir m'écarter aucunement du respect que je dois à votre dignité, je vous prie, monsieur le Préfet, de vouloir bien hâter une décision impatiemment attendue et dont le délai pourrait affaiblir la portée.

Daignez agréer, etc.

L'instituteur,

P. DUPUY.

M. Monod continua à se taire. À vrai dire, pouvais-je m'attendre à ce qu'il parlât ? Évidemment non. M. le préfet ne devait pas commettre la maladresse d'ouvrir une enquête qui aurait jeté le désarroi dans son personnel académique. Par la « question préjudicielle » du respect, il ne s'était proposé rien moins que d'éconduire indéfiniment et sans éclat mes importunes réclamations. Notez que M. Monod avait alors sur les bras l'élection de Condom.

Le moment était venu pour moi d'en finir.

CHAPITRE V

Le Dénouement.

***

I

Ma lettre de démission.

Réans, 29 décembre 1878.

Monsieur le Préfet,

J'ai l'honneur de vous adresser, par la présente lettre, ma démission d'instituteur public à Réans, canton de Cazaubon.

Le motif principal de cette détermination, qui m'est pénible, ne doit précisément pas être cherché dans la fameuse note de M. l'inspecteur primaire. Il se trouve tout entier dans le silence par lequel vous persistez à couvrir un *faux administratif* qui crie justice depuis trois mois. Votre lettre du 10 décembre qui vient, éludant mes lettres de rappel, soulever si tardivement une question préjudicielle de respect, ne me laisse plus le moindre doute sur la portée de votre silence. C'est un déni de justice qui m'impose de me retirer.

Ce n'est pas sans regret, croyez-le bien, que je quitte l'enseignement primaire. Dans cet humble et rude emploi je me plaisais depuis dix-huit ans à voir plus qu'un métier. Après y avoir dépensé de bon cœur l'ardeur de ma jeunesse, je ne rêvais pas d'autre avenir que celui de consacrer encore aux écoles primaires, avec le reste de ma vie, les résultats de ma petite expérience et d'études spéciales. Vous ne l'avez pas voulu ; mais Dieu, en qui je crois, me donnera peut-être, dans un temps prochain, l'occasion de revenir.

En attendant, je reprends toute ma liberté. Je ne désespère pas de jeter quelque lumière et sur la fausse note et sur votre silence.

Veuillez agréer, monsieur le Préfet, mes hommages très-respectueux.

L'instituteur,

P. DUPUY.

II

Conclusion.

Le lecteur n'a pas oublié que j'ai été transféré en disgrâce du poste de Caupenne à celui de Réans. Le motif officiellement avoué de cette mesure est une note de classe fournie par M. Boyer, inspecteur primaire de Condom.

Or, cette note, qui aurait dû être ou un bulletin particulier d'inspection ou le résumé fidèle des bulletins antérieurs, n'est ni l'un ni l'autre. Outre qu'elle n'a pour elle aucune inspection particulière, elle contredit formellement tous les bulletins qui l'ont précédée.

M. Boyer, qui croit agir en secret, a même négligé de sauvegarder les apparences en faisant précéder sa malicieuse note d'une nouvelle visite de l'école de Caupenne. Mais comment l'aurait-il visitée, nous étions en vacances.

Donc, sans inspection préalable, bien plus, en pleine contradiction de ses autres bulletins d'inspection, M. Boyer a signalé la tenue de mon école comme mauvaise, incorrigiblement mauvaise. Il a commis ainsi à mon préjudice, et je le dis dans toute la rigueur du terme, il a commis *un faux*, dont il n'est pas possible d'écarter l'idée de malveillance personnelle.

Au point de départ, la fausse note a pu être l'œuvre exclusive de M. l'inspecteur primaire. Toutefois, l'obstination de l'inspecteur d'académie et du préfet à s'en faire les complices honteux permet de supposer qu'elle est partie de plus haut. J'avoue que le silence de M. l'inspecteur d'académie n'a rien de bien grave. Le rôle de ce fonctionnaire, on le sait assez, est celui d'un homme de paille. Mais on a quelque droit de trouver étrange, pour ne pas dire injuste, la conduite du préfet à mon égard. Plusieurs fois interrogé, en des termes qui l'obligeaient à répondre, il s'est dérobé durant *trois mois* à son devoir de juge. Il a persisté jusqu'au bout à couvrir la note-Boyer, tantôt par son silence, tantôt par l'intervention officieuse et odieuse de M. Sarrat, finalement par la « question préjudicielle » du respect.

Chose digne de remarque, aucun de mes chefs, pas même le malheureux Boyer, n'a jamais essayé de justifier la note si fortement incriminée. Aussi, dès le commencement, cette note a-t-elle paru ce qu'elle est en réalité, le voile transparent d'un motif inavouable.

La plupart des lecteurs, devançant mon récit, ont déjà supposé que le vrai motif de mon changement est un motif politique. Qu'ils prennent garde de se tromper ! Durant les trois ans que j'ai passés à Caupenne je me suis absolument renfermé dans ma tâche professionnelle. J'ai été le serviteur très-respectueux du gouvernement établi, sans m'occuper de ses tendances. Rien dans ma conduite, dans mes actes ou dans mes discours, n'a pu trahir des opinions politiques personnelles. Ma réserve a été si grande que plusieurs membres influents du comité républicain de Nogaro m'ont exprimé plusieurs fois le désir de me voir ouvrir une école dans leur ville. Leurs enfants et leur concours m'étaient assurés. Je défie M. le préfet d'obtenir sur ce point une déclaration publique qui contredise mes assertions.

Quel a donc pu être le motif politique de mon déplacement, si motif politique il y a eu ? On n'en peut trouver aucun autre que ma stricte neutralité. Sous les gouvernements précédents on avait vu quelquefois des instituteurs réprimandés ou disgrâciés pour avoir fait de la politique, jamais pour n'en pas faire. Nous devons à la République ce progrès. Nos inspecteurs ne cesseront pas pour cela de nous recommander à son de trompe la plus scrupuleuse abstention ; leur zèle même en sera redoublé. Mais qu'est-ce qu'une circulaire ? Des mots, des mots, des mots.

En résumé : M. Boyer a commis *un faux* ; M. Poitrineau, inspecteur d'académie et M. Monod, préfet du Gers (aujourd'hui préfet de l'Allier), sont et restent, en leur qualité respective, les complices responsables de ce *faux*. Quant à M. Sarrat, (aujourd'hui inspecteur à Bagnères), il a fait une chose sans nom. Il a regretté, par écrit, d'avoir fait acte d'honnête homme ; il a renié sa conscience.

Post-Scriptum.

Ma lettre de démission laissait entrevoir à M. le préfet que son plan était éventé. Le parti-pris d'un silence oppresseur va se trouver à court devant la publication des faits. Que faire donc pour se donner une contenance ? Mieux vaut tard que jamais ; M. le préfet se hâte de me lancer sur les talons... un arrêté de révocation !

Cette attitude martiale prise après coup pour couvrir un silence de trois mois, est tout simplement ridicule.

Il en sera reparlé.

Auch. — Extrait de l'*Appel au peuple.*

22

PARAITRA PROCHAINEMENT

———

LE CAS

DE

M. POITRINEAU

Inspecteur d'académie